W9-ABM-089

Excavadoras

Charles Lennie

ABDO
MÁQUINAS DE CONSTRUCCIÓN
Kids

www.abdopublishing.com

Published by Abdo Kids, a division of ABDO, P.O. Box 398166, Minneapolis, Minnesota 55439.

Copyright © 2015 by Abdo Consulting Group, Inc. International copyrights reserved in all countries. No part of this book may be reproduced in any form without written permission from the publisher.

Printed in the United States of America, North Mankato, Minnesota.

072014

092014

 THIS BOOK CONTAINS RECYCLED MATERIALS

Spanish Translators: Maria Reyes-Wrede, Maria Puchol

Photo Credits: Shutterstock, Thinkstock

Production Contributors: Teddy Borth, Jennie Forsberg, Grace Hansen

Design Contributors: Candice Keimig, Laura Rask, Dorothy Toth

Library of Congress Control Number: 2014938829

Cataloging-in-Publication Data

Lennie, Charles.

[Excavators. Spanish]

Excavadoras / Charles Lennie.

  p. cm. -- (Máquinas de construcción)

ISBN 978-1-62970-313-8 (lib. bdg.)

Includes bibliographical references and index.

1. Excavation--Juvenile literature. 2. Construction equipment--Juvenile literature. 3. Spanish language materials—Juvenile literature. I. Title.

629.225--dc23

2014938829

Contenido

Excavadoras

Las excavadoras se usan para muchas cosas. Principalmente se usan para cavar.

También se usan para

levantar cosas pesadas.

7

Partes de las excavadoras

Las excavadoras tienen varias partes. El conductor se sienta en la **cabina**. Los controles están en la cabina.

pluma

cabina

brazo

balde

9

La **pluma** sostiene el brazo.

El brazo sostiene el balde.

Se usan para cavar.

11

Algunas excavadoras se
mueven sobre ruedas. Otras
se mueven con cadenas.

13

Diferentes tipos de excavadoras

Una **retroexcavadora** tiene

dos funciones. Puede cavar

y puede cargar.

14

15

Hay excavadoras **compactas**.
Funcionan bien en espacios
pequeños.

Hay excavadoras gigantes.

Normalmente cargan camiones

de volteo muy grandes.

Hay excavadoras de **demolición**. No tienen balde. En su lugar tienen una pieza diferente.

21

Más datos

- Las excavadoras más grandes se usan para llenar camiones de volteo gigantes que pueden cargar 360 toneladas (326,587 kg).

- Las excavadoras híbridas se están haciendo populares. Usan un 25% menos de combustible en un trabajo normal.

- Las excavadoras con cadenas se usan en los trabajos más grandes. Son muy estables y potentes.

Glosario

cabina – donde se sienta el conductor para manejar y controlar la máquina.

cadenas – especie de cinta de metal que se pone alrededor de las ruedas de un vehículo pesado.

compacto – algo de menor tamaño para espacios pequeños.

demolición – destrucción.

pluma – barra larga que sujeta el brazo. La pluma y el brazo levantan y manejan el balde.

retroexcavadora – máquina con balde incorporado que sirve para cavar.

23

Índice

abdokids.com

¡Usa este código para entrar a abdokids.com y tener acceso a juegos, arte, videos y mucho más!

Código Abdo Kids:
CEK0199